Piratas

del Caribe y el mapa secreto

A Novice-low Reader for Beginning Students

Mira Canion
Carol Gaab

Cover Art by Sandra Davis

TPRS Publishing, Inc.

P.O. Box 11624, Chandler, AZ 85248

inting

AHOY READERS!
Helpful Tips Before Ye Read

This novel contains basic, level-one vocabulary, and countless cognates (words that are similar in two languages), making it an ideal read for beginning students. It is so easy, even a pirate could read it!

Essential level-one vocabulary is listed by chapter in the glossary at the back of the book. We suggest you preview the glossary before you begin reading each chapter. Historical and cultural vocabulary and any vocabulary that would be considered beyond a 'novice-low' level is footnoted at the bottom of the page where it occurs.

A *comprehensive* list of **all** vocabulary used can be found in the Teacher's Guide that accompanies this novel or online at www.tprstorytelling.com.

This book is pure fiction, although many events and characters have been pirated directly from history. So me hearties, climb aboard as we weigh anchor and set sail for suspense and adventure on the high seas.

Table of Contents

Piratas del Caribe y el mapa secreto

Capítulo 1:
Rumores

1668 a 1670
En el mar Caribe

El terror del Caribe es un pirata. El pirata se llama Henry Morgan y es el capitán de los piratas del Caribe. Henry es muy talentoso. Él organiza a los piratas del Caribe. Los piratas respetan a Henry.

Henry y sus piratas atacan a muchas personas. Ellos atacan muchos territorios del Caribe: Panamá, Nueva España[1], Venezuela e Hispaniola.

---

[1]**Nueva España:** New Spain is the original name by which Spaniards called Mexico. The name changed to "Mexico" in the early 1800's.

Los españoles, personas de España, controlan los territorios. Ellos no están contentos porque tienen muchos problemas con los piratas. A los españoles no les gustan los piratas.

Muchas personas en el Caribe hablan de las aventuras violentas de Henry y sus piratas. Henry celebra muchas victorias. Él es muy famoso y muy rico. Tiene mucha plata[2] y una casa en Jamaica, pero no es suficiente. Henry quiere más plata.

Existen rumores en el año 1670. Las personas del Caribe hablan de un mapa secreto. Es un mapa de una isla secreta. La isla tiene un mineral precioso y un líquido mágico. Henry Morgan escucha los rumores y quiere el mapa. Muchas personas quieren el mapa.

Hay un hombre español que quiere el mapa. Él es de Sevilla, España y se llama Antonio Medina. Antonio escucha los rumores del mapa secreto y quiere el mapa también. Quiere el mapa porque quiere ir a la isla secreta.

Antonio es muy inteligente y arrogante. En su opinión, él es más inteligente que los piratas. A Antonio no le importan los piratas, porque él tiene

[2]**plata:** silver

mucha experiencia en la navegación. En particular, Antonio tiene mucha experiencia navegando en el mar Caribe. Es el capitán de un barco[3] y es responsable por el transporte de la plata de Veracruz a España.

En este momento, Antonio está en Veracruz, Nueva España para transportar la plata. Va a transportar la plata de Veracruz a España.

En Veracruz, hay muchas personas que hablan del mapa. Hay muchos españoles en Veracruz porque ellos preparan la flota[4] para ir a España. La flota es el sistema español para transportar objetos a España.

Antonio habla con un oficial español. El oficial controla el transporte de la plata. Él nota y escribe un record de la plata y otros objetos que hay en los

[3]**barco:** boat

[4]**flota:** fleet- a group or convoy of Spanish ships that sailed together for protection from pirates and other hostile ships.

barcos españoles. El hombre le dice a Antonio Medina:

-Usted tiene 457 barras de plata. Y tiene cacao.

¿Va a continuar por la ruta normal con la flota?

¿Va a La Habana, Cuba?

-Sí, vamos a La Habana y después a España.

-Está bien. Pasen.

Antonio está contento. Él toma sus documentos del hombre oficial y aborda su barco. Está con su novia, Raquel.

Raquel es una mujer muy atractiva y romántica. Es de Veracruz, pero va a ir a España con Antonio. A su papá no le gusta la idea. La familia hispana es muy importante. A Raquel le importa su familia, pero le importa más su novio, Antonio Medina. A ella le gusta Antonio y va a ir a España con él.

Raquel tiene una opinión muy buena de Antonio. Es un hombre fantástico. A él le gusta la acción y le gustan las aventuras. ¡Le gusta la plata también! Él es muy romántico y atractivo ¡muuuy atractivo! También es muy arrogante y agresivo.

Capítulo 2:
Una pistola especial

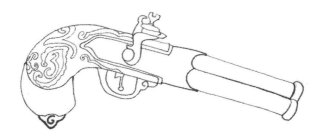

El 8 de abril de 1670
En el barco de Antonio

Antonio llama a su piloto, Felipe:

-Felipe, vamos a mi cabina, por favor.

-Sí, ahorita[1] voy.

-Llama a Carlos también. Vamos a hacer planes.

-Sí, Capitán. Ahorita vamos.

Felipe llama a Carlos y los dos caminan a la cabina. Carlos habla y habla:

-Me gusta la cabina de Antonio. ¿Vamos a celebrar?

[1]**ahorita:** right now

-No. Vamos a hacer planes.

-¿Planes? ¿Antonio tiene un plan para una fiesta?
¿O es un plan de navegación?

Felipe no le responde. Felipe no habla mucho
porque es una persona reservada. También es muy
serio. Carlos, al contrario, habla y habla… Él es muy
sociable y a él le gusta hablar mucho.

Cuando Felipe y Carlos entran en la cabina,
Antonio y Raquel están mirando un mapa del
Caribe. Antonio mira el mapa pero Carlos inte-
rrumpe su concentración con sus preguntas.
Antonio le dice:

-Carlos, ya[2]. ¡Silencio! Escucha. Hay un rumor en
Veracruz. El rumor indica que el mapa está en
Puerto del Príncipe, Cuba. Quiero investigar el
rumor. Quiero ir a Puerto del Príncipe.

Felipe está confuso y le dice:

-Pero la flota española no va a Puerto del
Príncipe. La flota va a La Habana.

-Eres tonto -le responde Antonio.

Ellos observan donde está La Habana en el mapa.
También observan Puerto del Príncipe en el mapa.
Antonio les dice:

-Amigos, tengo un plan. Cuando los barcos de la
flota estén directamente al norte de La Habana,

[2]**ya:** Enough already!

6

Cuba, mi barco va a tener un problema.

-¿Tu barco va a tener un problema? -le pregunta Felipe.

Antonio está frustrado porque Felipe no comprende rápidamente. Antonio le explica:

-En realidad mi barco no va a tener un problema. Es una excusa. Vamos a pretender que existe un problema. La flota va a continuar a La Habana, Cuba, pero mi barco no. Mi barco se va a separar de la flota y vamos a ir a Puerto del Príncipe.

-¡Brillante! ¡Es un plan magnífico! -exclama Carlos.

Finalmente todo está preparado y todos los hombres abordan el barco. El barco de Antonio va con la flota española. La flota va a Cuba y cuando está frente a La Habana, el barco de Antonio se separa de la flota. El barco continúa en dirección a Puerto del Príncipe.

Puerto del Príncipe, Cuba

El barco de Antonio pasa frente a la costa norte de Cuba. Antonio y su grupo van a la costa en canoas porque hay muchas rocas. El barco no puede pasar por las rocas.

En la costa, Antonio y sus hombres se preparan a

caminar a Puerto del Príncipe. Caminan dos días y por fin llegan a Puerto del Príncipe.

En Puerto del Príncipe, Antonio y sus hombres buscan el mapa. Buscan el mapa por muchos días. Las personas de Puerto del Príncipe no quieren hablar del mapa. No quieren conflictos. Antonio está frustrado porque no tiene información del mapa. Exclama:

-¡Ay! ¡Los cubanos no quieren hablar del mapa! Necesitamos un plan.

-Sí, necesitamos un plan -le responde Felipe.

-Más tarde, vamos al restaurante para hablar de un plan.

-¿Por qué no hablamos ahora?

-Porque ahora vamos al mercado[3].

-¿Por qué vamos al mercado?

-Porque quiero ver las pistolas.

Raquel está contenta y exclama:

-¡Perfecto! Yo necesito zapatos[4].

Felipe le responde:

-Y yo necesito un telescopio.

Ellos van al mercado y están muy contentos. Hay frutas, vegetales y muchos objetos. También hay pis-

[3]**mercado:** market
[4]**zapatos:** shoes

tolas y zapatos. Raquel se separa del grupo y va a ver los zapatos.

Antonio, Felipe y Carlos van a ver las pistolas. Observan a una mujer que tiene una colección de pistolas. Antonio mira una pistola, pero no es la pistola que busca. Le dice a la mujer:

-No me gusta. Quiero una pistola especial.

Antonio mira todas las pistolas, pero a él no le gustan las pistolas. Entonces, él mira una pistola que está en el suelo[5]. Nota que es una pistola especial y le dice a la mujer:

-Me gusta la pistola que está en el suelo. Quiero esta pistola.

-No, no, esta pistola no. Esta pistola es de mi esposo.

Entonces, Antonio pone mucha plata en la mesa y le ofrece la plata a la mujer. La mujer está contenta y le responde:

-Está bien.

Entonces, la mujer toma la plata y Antonio toma la pistola. Contentos, los tres hombres se van a buscar un telescopio. Ellos caminan un poco y Antonio quiere usar la pistola. Apunta[6] con la pistola al suelo

[5]**suelo:** ground
[6]**apunta:** he points

pero no pasa nada. Sólo hay un 'clic'.

-¡Ay! ¡Qué problema! Esta pistola no funciona.

Antonio está furioso y tira[7] la pistola al suelo y la pistola se parte. Hay dos partes de la pistola en el suelo. Antonio mira la pistola y la observa. Hay una nota en la pistola.

Antonio toma la pistola y saca la nota de la pistola. ¡Es un mapa! El mapa dice: "Agua de vida"[8]. Antonio exclama:

-¡Fantástico! ¡Increíble! ¡Tengo el mapa de la isla secreta!

Antonio mira a las personas en el mercado. Hay muchas personas. ¿Es posible que una persona observe que Antonio tiene el mapa? Antonio pone el mapa en la pistola y les dice a Carlos y Felipe:

-Yo voy al restaurante para preparar el plan. Ustedes busquen un telescopio y nos vemos en el restaurante en quince minutos.

Antonio va al restaurante y Carlos y Felipe buscan el telescopio. Buscan por unos minutos y entonces, hay caos en Puerto del Príncipe.

---

[7]**tira:** he throws
[8]**Agua de vida:** Water of Life- from the Fountain of Youth, said to have eternal qualities

Capítulo 3:
La invasión

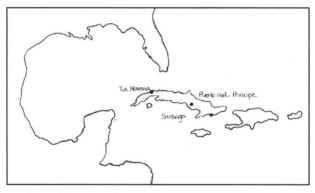

El 11 de mayo de 1670
Puerto del Príncipe, Cuba

Muchas personas gritan:

-¡Piratas! ¡Piratas!

Los piratas de Henry Morgan entran por el sur[1] de Puerto del Príncipe. Henry Morgan es una persona agresiva, violenta y cruel. Sus piratas capturan a personas que tienen información del mapa. Cuando las personas no quieren hablar, usan tácticas violentas. Cuando torturan a las víctimas, las víctimas hablan.

[1]**sur:** south

Henry y sus piratas entran en el mercado y capturan a varias personas. Felipe y Carlos observan a los piratas y corren. Felipe corre rápido, pero Carlos, que es un poco gordo, no corre rápido. Los piratas corren hacia[2] Carlos y ¡capturan a Carlos!

Con una pistola en la mano, Henry le pregunta a Carlos:

-¿Dónde está el mapa?

-No tengo el mapa -responde Carlos.

Henry le repite:

-¡¿Dónde está el mapa?!

-No tengo el mapa.

Henry apunta con la pistola a la cabeza de Carlos. Está furioso porque Carlos no revela donde está el mapa. Henry lo mira seriamente y le dice:

-Tú tienes información del mapa.

-Sí, la tengo.

-Habla. Te escucho.

-¿Qué recibo yo por la información?

¡Clic! Henry prepara la pistola. Rápidamente Carlos le responde:

-No uses la pistola. Tú necesitas mi información. Yo soy importante.

-Es correcto. Yo necesito tu información. Pero tú no necesitas diez dedos para hablar.

[2]**hacia:** toward

Henry apunta con la pistola a la mano.

-¡No! ¡Mis dedos no! ¡Voy a hablar! -responde Carlos histéricamente.

-Buena decisión. Habla.

-Un amigo tiene el mapa. Es toda la información que tengo.

-¿Es toda la información? ¡No es suficiente información!

-Hay más...mi amigo que tiene el mapa está en Cuba.

Henry está contento porque por fin Carlos habla del mapa. Quiere más información del mapa. Henry continúa:

-¿Cómo se llama tu amigo?

-Antonio. Antonio Medina.

-¿Dónde está Antonio? ¿Dónde exactamente está Antonio?

-En este momento, no sé exactamente.

Otra vez, Henry apunta con la pistola a la mano de Carlos, y le dice:

-¿Dónde está Antonio?

-Está en el restaurante.

Felipe ve que los piratas capturan a Carlos y corre muy rápido al restaurante. Entra en el restaurante gritando:

-¡Los piratas capturaron a Carlos! ¡Los piratas

capturaron a Carlos!

-¿¡Qué!? -dice Antonio.

-¡Los piratas capturaron a Carlos! ¡Entraron en el mercado y lo capturaron!

-Las circunstancias son muy serias. Si los piratas torturan a Carlos, él va a hablar del mapa.

-¿Por qué va a hablar del mapa?

-Porque los piratas torturan a sus prisioneros para forzarlos hablar.

-Es un problema.

-Sí, es un problema grande, porque a Carlos le gusta hablar.

Antonio está nervioso. Tiene que escapar rápidamente pero Raquel no está con él. Ahora, los piratas van a buscar a Antonio y por eso, Antonio no puede entrar en el mercado. Antonio le dice a Felipe:

-Tengo que comunicarme con Raquel. Ella tiene que escapar con nosotros. Tú tienes que buscarla.

Antonio escribe una nota: "Los piratas tienen a Carlos. Tengo el mapa y los piratas me buscan. Tenemos que escapar. Tienes que estar en la plaza pequeña, al norte del mercado." Antonio tiene la nota en la mano y le dice a Felipe:

-¡Rápido! Toma esta nota y corre hacia Raquel.

-¿Una nota?

-Sí, es una nota que explica que vamos a escapar.

Raquel necesita la nota. Nos vemos en la plaza pequeña en diez minutos.

Felipe toma la nota y corre al mercado. Hay muchos piratas. En quince minutos, Felipe llega a la plaza pequeña y está frente a Antonio. Antonio mira a Felipe y le pregunta:

-¿Hablaste tú con Raquel?

-Sí, yo hablé con ella.

-¿Y...?

-Ella dice que no quiere ir.

-¿Qué? ¿No quiere ir?

Antonio está furioso al escuchar la decisión de Raquel. Antonio les grita a sus hombres:

-¡No me importa Raquel!

En ese momento, Raquel camina hacia el restaurante y pasa por el frente de la plaza. Ella escucha a Antonio y está triste. Escucha y observa a Antonio, pero Antonio no la ve. Antonio grita a sus hombres:

-¡A la costa! ¡Al barco! ¡Rápido!

Antonio y sus hombres se van corriendo. Se van a la costa norte donde está su barco. Rápidamente, ellos se escapan de Puerto del Príncipe. Raquel observa todo. Está muy triste porque no se va con Antonio.

Capítulo 4:
Un secreto femenino

El 12 de mayo de 1670
Puerto del Príncipe, Cuba

Henry Morgan y los piratas buscan a Antonio Medina, el hombre que tiene el mapa. Henry no ve a Antonio Medina, pero sí ve a una mujer atractiva. ¡Ella es muy bonita! Tiene pelo largo y ojos misteriosos. Ella está triste, muy triste.

Henry quiere hablar con la mujer. Es una mujer fantástica. Henry la mira atentamente. Mira su cuerpo, de la cabeza a los pies. A Henry le gusta la mujer. Quiere hablarle románticamente y le dice:

-Hola, me gustan...aaah...tus zapatos.

La mujer mira curiosamente a Henry y le responde:

-Aah...mm…Gracias.

-¿Cómo te llamas?

-Me llamo Raquel.

-Mucho gusto. Yo soy el Capitán Henry Morgan.

-Mucho gusto.

A Henry le gusta Raquel. Quiere hablar más con ella. Los ojos negros de Henry miran a los ojos de Raquel. Ella le dice a Henry:

-¿De dónde eres?

-Soy de Europa. Soy inglés. Pero tengo una casa en la isla Jamaica. ¿De dónde eres tú?

-Soy de Veracruz.

-De Veracruz. Entonces, ¿por qué estás en Puerto del Príncipe?

Raquel piensa en los piratas. A ella le gusta la mala reputación de Henry. Le gusta su plata también. Henry es un pirata atractivo.

Raquel mira a Henry y piensa en su novio, Antonio. Ella no está contenta con Antonio porque la abandonó en Puerto del Príncipe. No comprende las acciones de Antonio. Raquel le responde:

-Ah...Pe...¿Perdón?

-¿Por qué estás en Puerto del Príncipe?

Raquel le responde:

-Mm...ma...ma...magníficos zapatos. Magníficos zapatos cubanos.

A Henry le gustan los zapatos de Raquel. También le gustan sus ojos, su pelo y su boca. Henry le pregunta:

-¿Estás sola en Cuba?

-Sí.

-¿Cómo es posible que una mujer tan bonita como tú esté sola?

-Porque mi novio me abandonó.

-¡Ay! ¿Por qué te abandonó?

-Él no quiere un romance. Prefiere la plata.

Henry escucha 'plata' y responde a Raquel con curiosidad:

-¿Plata? ¿El hombre tiene plata?

-¡Eres un hombre típico! Los hombres prefieren la plata...y las mujeres el romance.

En ese momento Raquel prefiere escuchar las aventuras de Henry. Le pregunta a Henry:

-¿Por qué estás en Cuba?

-Tengo una misión.

-¿Qué misión?

-Un mapa secreto.

-¿Qué mapa?

-Es un mapa de una isla secreta. La isla tiene
plata y un líquido mágico. El líquido se llama
Agua de vida.

-¡Ay! El Agua de vida es una leyenda.

-No es una leyenda. Es real. Y yo necesito el
mapa para buscar el agua.

-¿Dónde está el mapa?

-Yo sé que un hombre español lo tiene.

Raquel quiere más información porque Antonio
busca el mapa secreto y él es español. Le pregunta
a Henry:

-¿Cómo se llama el hombre?

-Medina… Antonio Medina.

Raquel le escucha a Henry con mucha atención.
Ella piensa: "¿Antonio tiene el mapa? El hombre que
Henry busca se llama Antonio Medina".

Ella no le confiesa nada de su relación con
Antonio. No menciona que Antonio es su novio. Su
relación con Antonio es un secreto. Ella no revela su
secreto.

Raquel nota que Henry siente[1] una atracción por
ella. Ella quiere usar a Henry. Quiere usar el barco
de Henry para buscar a Antonio. Le dice a Henry:

-Quiero buscar el mapa también. ¿Me permites
ir a bordo de tu barco?

[1]**siente:** he feels

19

-No, no se permite a mujeres en un barco de piratas.

Raquel le toca románticamente el brazo de Henry y le dice:

-¿Los piratas no permiten a una mujer en el barco?

-Correcto. Existe un código de los piratas. El código no permite a mujeres a bordo del barco. Es una tradición pirata.

-¿No se permite a una mujer a bordo?

A Henry le gusta Raquel. No le importa el código, porque quiere ir con Raquel. Henry le responde:

-Nosotros, los piratas, no permitimos a mujeres a bordo del barco, pero sí permitimos a 'piratas'. Permitimos a mujeres con ropa de pirata.

-¿Cómo?

Henry mira a Raquel de los pies a la cabeza. La observa atentamente y le responde:

-Pantalones… una chaqueta… un sombrero… Vas a ser[2] una pirata muy bonita.

-Aaah…Es un plan fantástico. Voy a necesitar un nombre masculino. Mmm…José…Juan… Rodrigo…

Henry y Raquel piensan en muchos nombres. Por fin, Raquel le dice:

[2]**vas a ser:** you are going to be

20

-Santiago... ¡Sí! ¡Santiago!

Henry mira a 'Santiago' y le responde:

-Mucho gusto, 'Santiago'.

-Mucho gusto, Henry.

Raquel está contenta porque va con el famoso pirata Capitán Henry Morgan. También va con un secreto enorme. Realmente quiere hablar con Antonio y no quiere estar con Henry. Quiere investigar por qué la abandonó.

Capítulo 5:
El Perla Blanca

El barco de Henry Morgan se llama El Perla Blanca.

El 19 de mayo de 1670
Al sur de Cuba

El barco de Antonio va hacia la costa sur de Cuba. Va en dirección a la isla secreta.

Antonio piensa mucho en Raquel. No comprende por qué ella lo abandonó.   Le dice a Felipe:

-Soy un hombre atractivo e inteligente. Soy rico y romántico. ¿Por qué me abandonó Raquel?

-No tengo idea. Posiblemente prefiere a Cuba.

-Imposible. Raquel me adora.

-Aaah…Las intenciones de las mujeres…Las mujeres son difíciles. ¿Quién comprende a las mujeres?

Antonio no quiere pensar más en Raquel. Felipe y Antonio estudian mucho el mapa de la isla. Felipe pilota el barco por la ruta a la isla.

El barco está al sur de Cuba cuando Felipe grita:

-¡Alerta! ¡Alerta! ¡Hay un problema!

-¿Qué problema?

-Nosotros tenemos un problema grande.

Molesto[1] con Felipe, Antonio le pregunta otra vez:

-¿Qué problema tenemos?

-Pues, realmente no es nuestro problema. Es tu problema. Tú eres el capitán del barco y por eso, es tu problema. Antonio, tú tienes un problema.

Antonio está muy frustrado y le grita a Felipe:

-¿Qué problema tengo?

-Hay un barco de piratas detrás del barco. ¡Mira!

-¡Ay caramba! Tenemos un problema. Preparen los cañones.

-¿Nosotros tenemos que preparar los cañones?

Antonio está frustrado con Felipe porque no reacciona rápidamente. Tiene muchas preguntas. Antonio le grita:

---

[1]**molesto:** annoyed, irritated

23

-¡PREPARA LOS CAÑONES! ¡Rápido!

Felipe corre y les grita a los hombres:

-¡Alerta! ¡Preparen los cañones! ¡Preparen el barco! Hay un barco de piratas.

-¿Un barco de piratas? -preguntan los hombres.

-¡Sí, un barco de piratas! Tenemos un problema grande. ¡Ya! ¡Preparen los cañones!

Los hombres no preparan los cañones. Es obvio que ellos tienen miedo. No quieren atacar a los piratas. Felipe le dice a Antonio:

-Es el barco del pirata inglés, Henry Morgan.

Un hombre exclama:

-¡Henry Morgan es el pirata más cruel de todos los piratas en el Caribe! Tortura a sus prisioneros.

Antonio les responde:

-Cálmense. Hoy, los piratas van a comprender que el Caribe es territorio de España. ¡Preparen los cañones!

Los hombres no se mueven[2]. Sólo miran a Antonio. No preparan los cañones. Antonio está furioso y grita:

-Los ingleses no respetan a los españoles. Hoy, nos van a respetar. Ahora, ¡preparen los cañones!

---

[2] **no se mueven:** they don't move

Un hombre le responde:

-Capitán, los piratas son muy crueles y muy talentosos. Ellos representan un problema para nosotros.

-Nosotros somos muy talentosos también. Somos superiores. Ahora, vamos a presentarles a los piratas un problema grande. ¡PREPAREN LOS CAÑONES!

-Pero capitán…

-¡Cállate! Esta conversación es absurda. ¡Vamos! ¡Vamos a defender mi barco!

Capítulo 6:
El ataque

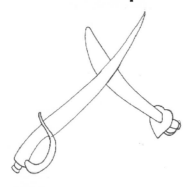

El 19 de mayo de 1670
Al sur de Cuba
En el barco de Henry Morgan

A Raquel le gusta estar en el barco. Le gusta ser pirata. Le gusta la chaqueta de pirata y le gusta su nombre: 'Santiago'. Los piratas no saben que 'Santiago' es una mujer.

'Santiago' mira el mar Caribe y ve un barco español. Le grita a Henry en una voz[1] femenina:

-¡Capitán Morgan! Un barco español está

[1] **voz:** voice

enfrente del Perla Blanca.

Los piratas miran curiosamente a 'Santiago', porque 'Santiago' tiene una voz femenina. Tiene zapatos femeninos y pies muy pequeños también. Ellos piensan que es un hombre femenino. Todos los piratas miran a 'Santiago' y no miran el barco español. Henry les grita:

-¿Por qué miran al pirata y no prestan atención al
  barco? ¡Rápido! ¡Prepárense para atacar!

Henry quiere atacar el barco. Quiere robar la plata. Su plan es causar pánico con los cañones y después, robar la plata. Henry les grita a los piratas:

-¡Preparen los cañones!

Los piratas preparan los cañones y apuntan con los cañones al barco de Antonio. Un pirata apunta con un cañón al aire y ¡pum! Hay una explosión en el agua. Los españoles tienen miedo pero no preparan sus cañones. Ellos gritan y corren por el barco. ¡Hay pánico y caos en el barco!

Los piratas ven que hay pánico a bordo del barco y se ríen[2]. Piensan que los españoles son cómicos. El Perla Blanca va hacia el barco de Antonio. Los piratas se preparan para abordar el barco de Antonio.

Henry les grita a los piratas:

[2]**se ríen:** they laugh

-¡Rápido! ¡Aborden el barco! ¡Ataquen a los españoles!

Los piratas abordan el barco. Atacan a los españoles con espadas[3] y pistolas. Hay pánico entre los españoles. Los españoles tienen miedo, pero Antonio no. Con su espada en la mano, Antonio ataca a Henry. ¡Le ataca a la cabeza! Henry responde con su espada y ¡clan! La espada de Antonio choca[4] con la espada de Henry. Antonio ataca a Henry en el brazo derecho, pero Henry se defiende. ¡Clan! ¡Clan! Las espadas chocan otra vez. Antonio continúa atacando a Henry, pero Henry se defiende como un experto. Antonio está frustrado porque Henry es un pirata talentoso.

Henry va a la derecha y Antonio va a la izquierda. Henry va a la izquierda y Antonio va a la derecha. Las espadas chocan mucho. ¡Clan! ¡Clan! ¡Clan! Antonio le dice:

-Tú eres un pirata excelente.

-Qué bueno que observes que yo soy un pirata excelente.

-Tú eres muy arrogante.

-Gracias. ¿Quién eres?

-Me llamo Antonio Medina.

[3]**espadas:** swords
[4]**choca:** it clashes

28

-Antonio Medina...es un nombre familiar...Tú
  eres el hombre que sabe mucho de la isla secreta.

-¿Isla secreta? No existe.

-¿Dónde está?

-No sé nada de un mapa secreto.

Antonio comete un error. Es un error serio.
Menciona el mapa y Henry le escucha muy bien.
Muy curioso e interesado, Henry se ríe y le
responde:

-No pregunté nada de un mapa. Te pregunté de
  la isla. ¿Dónde está el mapa?

-No sé.

-Sí, lo sabes. Habla. ¿Dónde está?

Antonio está furioso y violentamente ataca a
Henry. Henry se defiende y las espadas chocan.
¡Clan! ¡Clan! ¡Clan! Antonio ataca a Henry furiosa-
mente y Henry no puede moverse. ¡Está atrapado!
Es obvio que está entre la espada y la pared[5].
Antonio le pone la espada en el cuello[6] a Henry.
Antonio está muy contento. Henry conserva la
calma pero no tiene un buen plan para escapar.

---

[5]**está entre la espada y la pared:** Figuratively: He's between
a rock and a hard place; Literally: He is between the sword and
the wall.

[6]**en el cuello:** on or to his neck

Capítulo 7:
El robo grande

El 19 de mayo de 1670
A bordo del barco de Antonio
En el mar Caribe

Antonio tiene al famoso Capitán Morgan atrapado enfrente de él. Está muy contento y se ríe con emoción. Desafortunadamente, sólo está contento por treinta segundos porque una persona que tiene una pistola en la mano, apunta a la cabeza de Antonio.

-No intentes escapar. Tú estás atrapado -le dice 'Santiago'.

Henry toma la iniciativa y le pone la espada en el

cuello a Antonio. Lo mira cruelmente y se ríe. Antonio está nervioso y no se mueve. Con Antonio atrapado, Henry le pregunta:

-¿Adónde vas en el barco?

-Voy a España.

-No insultes mi inteligencia. No es lógico. Tú estás al sur de Cuba.

-No tengo porque hablar. Ustedes son brutales y crueles.

A Henry le gusta su mala reputación y le responde:

-¡Gracias!

Antonio está furioso y le insulta:

-Ustedes no tienen dignidad. No tienen respeto. No combaten con honor. Los españoles sí, tienen honor.

-¡Bah! Los españoles también son deshonestos.

-No, ustedes son deshonestos.

-Soy pirata. No tengo porque ser honesto.

Antonio le insulta más:

-Eres una persona horrible.

-Y tú eres un prisionero horrible.

-¿Qué quieres de mí?

Henry le pone la espada en el cuello a Antonio y le dice:

-¿Qué sabes de la isla secreta y el mapa secreto?

-No sé nada.

Henry mira violentamente a Antonio y le dice:

-Tú sabes mucho. Sí, sabes donde está la isla y donde está el mapa.

'Santiago' ve la oportunidad de agarrar la pistola de Antonio. Agarra la pistola pero Antonio reacciona violentamente. 'Santiago' tiene una reacción al instante y le pega[1] a Antonio en la cabeza con la pistola. Al instante, Antonio está inconsciente. Está en el suelo.

'Santiago' quiere hablar con Antonio. Quiere saber si Antonio está bien, pero no es posible. Antonio está inconsciente. 'Santiago' pretende que es pirata y no la novia de Antonio.

-¿Por qué le pegaste a Antonio? -le pregunta Henry a 'Santiago'.

- Fue[2] una reacción del momento. Fue automática. Perdóname. Soy impulsiva.

Henry está frustrado. Ahora Antonio no puede hablar, no puede indicar dónde está la isla ni el mapa. Está molesto con 'Santiago', pero no le dice nada. Henry comprende que ella no es una pirata con mucha experiencia. También siente una atracción por ella y no quiere destruir la oportunidad de estar con Raquel.

[1]**pega:** she hits
[2]**fue:** it was

32

En silencio, 'Santiago' mira a Antonio que todavía[3] está inconsciente en el suelo. Entonces, mira la pistola que tiene en la mano y con frustración, tira la pistola al suelo. La pistola se parte. Ahora hay dos partes de la pistola. Henry mira a 'Santiago' y mira la pistola en el suelo. Observa que la pistola tiene un secreto… tiene una nota. Curioso, Henry comenta:

-Qué interesante…hay una nota dentro[4] de la pistola.

Henry agarra la nota y la saca de la pistola. Henry mira la nota: "Agua de vida". No es una nota, ¡es un mapa! ¡Es el mapa secreto! Henry se ríe y exclama:

-¡Fantástico! ¡Por fin, tengo el mapa de la isla secreta!

En la distancia Felipe lo observa, pero no se mueve. No es posible salvar[5] a Antonio y no es posible salvar el mapa.

Henry mira a los piratas y les grita:

-¡Agarren la plata! ¡Rápido!

Felipe y el resto de los españoles lo miran con horror, pero están atrapados y no se pueden mover

[3]**todavía:** still
[4]**dentro:** inside
[5]**salvar:** to save

nada. Los piratas roban toda la plata del barco y la ponen en El Perla Blanca. Es un buen día para los piratas y todos están muy contentos. Henry se ríe y les grita a los piratas:

-¡Rápido! ¡Vámonos! ¡A la isla!

Los piratas abordan El Perla Blanca y rápidamente escapan con la plata. Los piratas miran la plata con fascinación, pero Henry mira el mapa. Mira el mapa con emoción y le dice a su piloto:

-Mira la ruta a la isla secreta. ¡Rápido! ¡Vamos a la isla!

'Santiago' está muy impresionada con Henry. Le dice:

-¡Brillante, capitán! Eres muy inteligente y atractivo.

Los piratas miran a 'Santiago' y piensan: "¿Atractivo?... 'Santiago' es un hombre muy diferente. Es un poco femenino."

Henry quiere besar a 'Santiago', pero los piratas los están mirando atentamente.

Capítulo 8:
Determinación

"Quien no se aventura, no pasa la mar."[1]

El 20 de mayo de 1670
A bordo del barco de Antonio
En el mar Caribe

Antonio se levanta pero no muy rápido. No sabe donde está. Mira la mesa y el suelo. Ahora sabe donde está. Antonio está en la cabina de su barco. Se toca la cabeza y dice:

[1]**Quien no se aventura no pasa la mar:** Figuratively: Nothing ventured, nothing gained; Literally: He who does not risk, does not cross the (high) sea.

-¡Ay, mi cabeza!

Sale de la cabina y busca a Felipe. Ve a Felipe hablando con dos hombres. Antonio camina hacia Felipe y le interrumpe:

-¿Dónde están los piratas?

-No sé.

-¿Y mi plata? ¿Dónde está mi plata?

-Los piratas robaron toda la plata.

Antonio está furioso y le exclama a Felipe:

-¡Piratas horribles!

-Ellos son piratas excelentes.

-¡Idiota! No son excelentes. ¡¿Robaron toda mi plata?! ¿Por qué ustedes no me salvaron? ¡¿Por qué no salvaron la plata?!

Felipe no le responde. Escucha los gritos de Antonio en silencio.

-¡Eres un piloto inepto[2]! ¡Todos los hombres son ineptos! ¿Cómo es posible que los piratas robaran toda mi plata?

-No sé. Los piratas son muy talentosos y escaparon con toda la plata.

-¡Cállate! Sé que los piratas la tienen, pero la plata es mía[3], no es de los piratas.

---

[2]**inepto:** inept, incapable
[3]**mía:** mine

Antonio está muy frustrado y ya no quiere hablar más con Felipe.

-Ya no quiero escucharte más. ¿Dónde está mi pistola?

Nervioso, Felipe le responde:

-Los piratas tienen tu pistola.

-¿Mi pistola? ¿Robaron mi pistola?

-Sí.

¡Antonio explota furiosamente! ¡Grita y actúa como un loco!

-¡¿Se robaron mi pistola?! ¡Ay, caramba! ¡Es un desastre!

-Pues, no es un desastre. Hay más plata en Nueva España. Es posible regresar a Veracruz.

-¡Idiota! ¿No comprendes?

Felipe, que realmente es un poco tonto, no comprende y le responde:

-No, no comprendo.

Antonio actúa muy irracional. Mueve los brazos y grita como un loco:

-¡Mi pistola, tonto!... Los piratas tienen mi PIS-TO-LA...¡La pistola que tiene el mapa!...¡El mapa que indica donde está la isla y donde están la plata y el Agua de vida!

-¡Ay! Ahora comprendo. Sí, es un desastre.

Antonio no se calma. Antonio grita y se mueve

histéricamente. Los hombres miran a su capitán y no le dicen nada. No hablan y no se mueven. Felipe no habla y no se mueve tampoco[4]. Todos lo miran en silencio. Furioso, Antonio explota:

-¡Idiotas! No tenemos el mapa ni la plata.

-Pero sí tenemos la memoria -dice Felipe.

-¿Qué?

-Es evidente donde está la isla. Tú y yo estudiamos mucho el mapa. Ya memorizamos la ruta a la isla. ¿Por qué no navegamos por memoria? Podemos atrapar a los piratas en la isla y tomar la plata.

Antonio piensa un momento y le responde:

-Es un buen plan. No eres completamente tonto.

Felipe corre hacia los hombres y les grita:

-¡Preparen el barco! Vamos a la isla secreta.

Felipe pilota el barco hacia la isla secreta.

---

[4]**tampoco:** neither

Capítulo 9:
La isla secreta

El 20 de mayo de 1670
En la isla secreta

En cuatro horas los piratas llegan a la isla secreta. Las rocas no permiten que el barco vaya a la costa. Por eso, todos los piratas llegan a la costa en canoas.

Al llegar a la isla, los piratas están muy emocionados. Henry les grita las instrucciones:

-Vamos a caminar a la cueva[1].

Los piratas no van muy rápido porque hay mucha vegetación. Los piratas cortan[2] la vegetación con

[1]**cueva:** cave
[2]**cortan:** they cut

machetes y espadas y poco a poco caminan a la cueva.

En el barco de Antonio

Felipe calcula la posición de la isla. Observa la isla con el telescopio y le exclama:

-¡Mira! El Perla Blanca está en la costa.

-Entonces vamos a poner mi barco al norte de los piratas. Preparen las canoas para ir a la costa. ¡Vamos a buscar a los piratas!

-No quiero buscar a los piratas. Quiero buscar la plata.

-Si buscamos a los piratas, vamos a encontrar la plata.

-¡Excelente!

A la entrada de la cueva

Los piratas están frustrados porque no ven la cueva. Hay mucha vegetación y por eso, los piratas no observan la entrada. Henry les dice:

-El mapa indica la posición de la entrada. ¡Corten más vegetación!

Por muchas horas los piratas cortan la vegetación. Por fin se revela una cueva. Es una cueva secreta.

Henry está muy emocionado y les dice a sus piratas:

-Vamos a entrar en la cueva. Ustedes van a agarrar la plata y yo voy a agarrar el agua mágica.

-Sí, capitán -le dicen los piratas.

Los piratas entran en la cueva. Después de cinco minutos, los españoles llegan a la entrada de la cueva. Antonio les grita a los piratas:

-¡Están atrapados!

Henry es muy inteligente y tiene una reputación de usar tácticas excepcionales. Piensa que Antonio quiere el Agua de vida más que la plata. Henry piensa usar a 'Santiago' como una distracción. Henry habla con 'Santiago' de su plan:

-Tú vas a ser la distracción. Vas a salir de la cueva para hablar con los españoles. En particular, vas a hablar con el capitán Antonio Medina.

-¿Tengo que salir sola?

-Sí. Los españoles no van a atacar a una mujer.

A 'Santiago' le gusta el plan de Henry. Es su oportunidad de hablar con Antonio. No necesita revelar a Henry su relación con Antonio. 'Santiago' le responde:

-Si tú insistes…

-Escucha el plan: Tú vas a salir de la cueva con una porción del agua mágica. Con el agua en la mano, vas a informar a los españoles que no hay

41

mucha agua. Vas a caminar con el agua para poner una distancia entre los españoles y la entrada. Cuando estén a una distancia de la entrada, nosotros vamos a escapar.

-¿Y la plata?

-No es posible escapar con la plata porque no nos permite escapar rápidamente.

'Santiago' está contenta porque quiere hablar con Antonio.

Henry le grita:

-¡Quítate el sombrero! ¡Quítate la chaqueta! Revela que eres una mujer. ¡Rápido!

'Santiago' se quita el sombrero y la chaqueta. Revela que tiene pelo largo y bonito.

¡Hay confusión entre todos los piratas! Un pirata pregunta:

-¿Santiago es una MUJER? ¡¿Permitiste a una mujer en el barco?!

-El código pirata no permite a mujeres a bordo del barco -dice otro pirata.

Henry agarra su espada y los mira violentamente. Furioso les responde:

-El código es para un barco. En este momento Raquel no está en un barco. Está en una isla.

-Está bien, capitán. Comprendo -dice un pirata.

Los piratas se calman y observan a Raquel. ¡Es

muy, muy atractiva! Ella camina a la entrada de la cueva. Les grita a los españoles:

-¡Soy una mujer indefensa! ¿Me permiten salir?

Capítulo 10:
Secretos revelados

El 20 de mayo de 1670
En la isla secreta

Antonio escucha la voz femenina. Le responde:

-Sí, sal de la cueva.

Raquel sale de la cueva y mira a Antonio. Con mucha emoción Raquel le grita:

-¡Capitán Medina!

-¿Raquel? ¿Eres tú?

-Sí, soy yo.

Antonio corre románticamente hacia Raquel y ella corre románticamente hacia él. Raquel le pega en la cara a Antonio. Él se toca la cara. No comprende las acciones de Raquel. Mira a Raquel y le dice:

-¿Por qué me pegas? ¿Y por qué estás con piratas?

-¡Porque me abandonaste en Cuba! ¡Bruto!

-¿Yo? ¿Yo te abandoné? No es correcto. ¡No te abandoné!

-¡Sí, me abandonaste!

-Pues, tú no respondiste mi nota. Tú hablaste con Felipe y no querías escapar conmigo.

Raquel no comprende nada. Está confusa. Ella responde a Antonio:

-Yo no hablé con Felipe. No sé nada de una nota.

Antonio mira furiosamente a Felipe y le grita:

-¡¿Tú no hablaste con Raquel en Cuba?! ¡¿No le diste[1] la nota?!

-No, yo no le hablé. Yo no le di la nota.

-Eres un idiota. ¿Preferiste ver a Raquel con piratas?

Felipe está furioso. No le gustan los insultos de Antonio. Decide revelar el gran secreto de Antonio. Le dice:

-Eres muy deshonesto. Eres más deshonesto que un pirata. Tú ya tienes otra novia en España.

-¡¿Tienes otra novia?! -le grita Raquel.

Antonio está furioso. Saca su espada y ataca a

---

[1] **no le diste:** you didn't give her

45

Felipe. Todos los españoles sacan sus espadas y se dividen en dos grupos: españoles a favor de Antonio y españoles a favor de Felipe.

Henry escucha los gritos de los españoles y observa que es el momento perfecto para escapar. Uno por uno, los piratas escapan de la cueva. Corren hacia la costa.

En este momento, ¡toda la isla se mueve! ¡Es un temblor[2]! La entrada está bloqueada.

Raquel les grita:

-¡Los piratas están atrapados!

A Antonio no le importan los piratas. ¡Quiere la plata y el Agua de vida! Corre a la entrada y quiere entrar. Saca las rocas, pero en este momento, ocurre otro temblor. Antonio sale corriendo de la entrada para escapar de la destrucción. La entrada está completamente bloqueada.

Frustrado, Antonio decide ir al barco. Les grita:

-La entrada está bloqueada. ¡Vamos al barco!

Los españoles no están contentos con Antonio pero caminan a la costa con él. Cuando llegan a la costa, observan el Perla Blanca y las canoas. No ven a los piratas. Un hombre les exclama:

-¡Vamos a tomar el Perla Blanca! ¡Yo voy a El Perla Blanca! ¿Quién va conmigo?

[2]**temblor:** earthquake

46

Los hombres hablan de los dos barcos. Un grupo va hacia las canoas de Antonio y un grupo va hacia las canoas de los piratas. Antonio habla con Raquel:

-Raquel, ¿por qué no vas conmigo?

-Porque no quiero ir contigo. Eres deshonesto.

-Te quiero.[3] Perdóname, por favor.

-¿Cómo se llama tu otra novia en España?

-Ella no me importa. No la quiero. Te quiero a ti.

-Eres horrible.

-¡Por favor, acéptame!

Antonio toca el brazo de Raquel románticamente. Raquel todavía siente una atracción por Antonio. Ella no quiere abandonar a Antonio, pero no quiere abandonar a Henry tampoco. Piensa en Henry atrapado en la cueva y está triste.

Antonio agarra a Raquel violentamente de los brazos y le insiste:

-¡Acéptame, por favor! Te quiero. Te adoro.

Raquel no le responde porque en ese momento hay caos. Los españoles gritan mucho:

-¡Piratas! ¡Alerta! ¡Piratas!

Los piratas piensan que los españoles tienen la plata de la cueva y por eso, los atacan. Los españoles no están preparados para los piratas. Hay pánico y caos entre los españoles.

---

[3]**Te quiero:** I love you

Antonio observa la situación y rápidamente agarra a Raquel del brazo. Ellos corren de los piratas. Antonio no sabe que un pirata cruel los está observando...

Capítulo 11:
Agua de vida

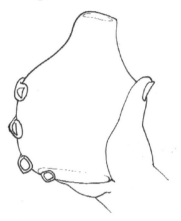

El 20 de mayo de 1670
En la costa de la isla secreta

Antonio toma a Raquel en sus brazos y Raquel se resiste mucho. Él quiere besarla. Henry está furioso y le grita a Antonio:

-¡Animal! Tienes a mi mujer. Ella es mía.

Es un insulto para Antonio. No sabe que Henry siente una atracción por Raquel. Antonio se ríe y le responde:

-¡No me insultes! Ella es mi mujer.

-Si es tuya[1], ¿por qué está con nosotros, los
  piratas?

-En este momento, ella está conmigo.

Raquel escucha a los hombres y con ojos tristes,
ella admite:

-Porque yo quería hablar con Antonio. Usé a los
  piratas para buscarlo.

Antonio está contento y le dice cruelmente a
Henry:

-Tú eres un objeto para Raquel. Ella me quiere a
  mí. No quiere a un pirata.

Henry mira románticamente a Raquel. Existe una
pasión. Le dice a Antonio:

-Raquel es una mujer fantástica. También es muy
  romántica. A ella le gustó estar en el barco, conmigo.

Antonio está frustrado y a Raquel le gusta ver su
frustración. Ella se ríe y Antonio le grita furiosamente:

-¿Cómo es posible? ¿Tú estabas con un pirata?

-¿Qué te importa? Tú tienes dos novias.

Furioso, Antonio saca la espada y ataca a Henry.
Lo ataca con mucha agresión. Henry se defiende
bien. Las espadas chocan muchas veces. Después
de unos minutos, Antonio observa que los piratas

[1]**tuya:** yours

50

están controlando las canoas. Antonio necesita un escape e intenta usar a Raquel para escapar.

Antonio agarra abruptamente del brazo a Raquel y le pone la espada en el cuello. Antonio le grita a Henry:

-¡Voy a escapar! ¡Quiero ir a Cuba! ¡Quiero que me transporten a Cuba! Si no, Raquel no se salva.

En ese momento, Felipe ve la situación con Raquel. Está horrorizado al ver que Antonio le tiene la espada en el cuello a Raquel. Felipe corre hacia Antonio y le pega en la cabeza con su pistola. Antonio está inconsciente.

Henry mira a Felipe y le dice:

-Gracias. Defiendes bien a Raquel.

-De nada -responde Felipe.

-Eres talentoso. ¿Quieres ser pirata?

Felipe mira el cuerpo de Antonio en el suelo. Observa que los piratas controlan la situación. Le responde a Henry:

-Sí, está bien.

-Excelente.

Henry camina un poco con Raquel y le pregunta:

-¿Quieres ir conmigo? ¿O prefieres regresar a Veracruz?

Raquel no necesita pensar mucho. No quiere ir

con Antonio porque él tiene una novia en España. Le responde:

-Quiero ir contigo. Me gustan las aventuras.

-¡Fantástico! ¡Vamos a celebrar! Vamos a tomar el Agua de vida. La leyenda dice que el agua es mágica.

Raquel y Henry consumen el agua mágica. Se miran las manos y los brazos. El agua no afecta sus cuerpos. Afecta sus ojos y afecta su actitud. Ven todo con ojos diferentes y con una actitud nueva.

Observan la violencia y la destrucción. Piensan en sus aventuras: en Cuba, a bordo del Perla Blanca y en la isla secreta. Henry piensa en muchas de sus aventuras en el Caribe: Cuba, Panamá, Venezuela y Nueva España. Le dice a Raquel:

-¡Qué raro![2] El agua me afectó. Afectó mi actitud, afectó mi personalidad. Ya no me gusta ser un pirata deshonesto.

-Entonces, ¿ya no quieres ser pirata?

-Quiero ser pirata, pero no quiero ser un pirata deshonesto. Quiero ser un pirata honesto.

Henry está muy contento con su decisión. Quiere ser honesto con Raquel y revelar su atracción por ella, pero está nervioso. Le dice a Raquel:

-Raquel, quiero…

[2]**¡Qué raro!:** How strange!

52

-¿Sí?

-Quiero salir contigo.

-¿Ahora? ¿Y qué de la plata y el mapa?

-No necesito la plata. Te necesito a ti. Mi mapa eres tú.

-¡Ay, Henry! ¡Qué romántico eres!

Henry toma el mapa y lo tira hacia el mar. Felipe agarra el mapa, pero Henry no lo mira. Está mirando románticamente a los ojos de Raquel. Con mucha pasión, besa su mano y le dice:

-Realmente, te quiero mucho.

-Eres un pirata honesto y romántico.

-¿Quieres ir a Jamaica conmigo?

-Entonces, ¿me invitas a Jamaica contigo?

-¡Un momento! No, no puedo permitir a una mujer a bordo del barco. Hay el código de los piratas.

Raquel nota que Henry realmente es muy honesto. Le gusta Henry, el pirata honesto. Raquel le responde románticamente:

-¿Puedes permitir a 'Santiago' a bordo del barco?

Henry mira a Raquel y la besa en la boca. Se besan con mucha pasión por tres segundos. Entonces, Henry le dice:

-¡Aborda el barco 'Santiago'! ¡Vamos a Jamaica!

GLOSARIO

Capítulo 1

con: with
de: of, from
después: after
dice: he/she says
él: he
ella: she
escucha: he/she listens
habla: he/she speaks or talks
hay: there is; there are
hombre: man
le gusta: it is pleasing to him/her; he/she likes
mar: sea
más: more
mujer: woman
novia: girlfriend, fiancé
para ir: in order to go
pero: but
porque: because
quiere (ir): he/she wants (to go)
se llama: he/she calls himself/herself; (his/her name is)
su/sus: his or her
también: also
tiene: he/she has
toma: he/she takes
usted: you (formal)
va a (ir): he/she goes, is going (to go)

Capítulo 2

ahora: now
buscan: they/you pl. look for
caminan: they/you pl. walk
cuando: when
días: days
donde: where
entonces: then
eres: you are
está frente a: is in front of
llama: he/she calls
llegan: they/you pl. arrive
mira: he/she looks at; he/she watches
no pasa nada: nothing happens
nos vemos: we'll see each other
pasa: he/she/it passes
pone: he/she puts
por qué: why
pregunta: he/she asks a question
puede: he/she can; he/she is able to
quiero ver: I want to see
saca: he/she takes out
tengo: I have
todo/todos: everything, everyone, all
tonto: dumb, silly
vamos a hacer: we are going to make/do
voy: I go

Capítulo 3

cabeza: head

cómo: how

con nosotros: with us

corren: they/you pl. run; *(corriendo:* running)

dedos: fingers

está triste: he/she is sad

grita: he/she yells; *(gritan:* they/you pl. yell)

mano: hand

no la ve: he does not see her

otra vez: again

pequeña: small or little

por eso: that's why, therefore, for that reason

por fin: finally

qué: what

sé: I know (facts)

se va: he/she goes; he/she leaves

si: if

son: they/you pl. are

soy: I am

te escucho: I listen to you; I am listening to you.

tiene que escapar: he/she has to escape

tú: you (informal)

tu: your

ve: he/she sees

Capítulo 4

boca: mouth
bonita: pretty
brazo: arm
cuerpo: body
mala: bad
mucho gusto: an expression used when meeting someone for the first time, such as "Nice to meet you."
nombre: name
nosotros: we
ojos: eyes
pelo: hair
piensa en: he/she thinks about, ponders
pies: feet
sola: alone
tan (bonita) como: as (pretty) as
(se) toca: he/she touches (himself/herself)

Capítulo 5

detrás: behind, in back of
estudian: they/you pl. study
hoy: today
nuestro: our
somos: we are
tenemos: we have
tienen miedo: they/you pl. have fear, are afraid

Capítulo 6

bueno: good
como un experto: like an expert
derecha: right (direction)
entre: among, between
izquierda: left (direction)
pregunté: I asked
robar: to rob or steal
saben: they know
se ríe: he/she laughs
ven: they/you pl. see

Capítulo 7

adónde: to where
agarra: he/she grabs
besar: to kiss
de mí: from me; (¿Qué quieres de mí?: What do you want
from me?)
sólo: only

Capítulo 8

loco (un loco): crazy, (a crazy man)
podemos: we can; we are able to
regresar: to return
robaron: they/you pl. robbed or stole
sale: he/she leaves (a place), goes out
se levanta: he/she gets or stands up
ya no: no longer

Capítulo 9

entrada: the entrance
están emocionados: they are excited
¡Quítate (el sombrero)!: Take off (your hat)!

Capítulo 10

cara: face
conmigo: with me
querías: you wanted

Capítulo 11

nueva: new
se besan: they kiss (each other)
vamos a tomar: let's drink